Instants de vies   Emma Lucce

Livres du Même auteur

Bipolivre-2019
Jeux de mots de tête-2020
Nouvelles et poésies-2021

Instants de vies   Emma Lucce

© 2022, Emma Lucce
Édition : BoD – Books on Demand, 12/14 rond-point
des Champs-Élysées, 75008 Paris
Impression : BoD - Books on Demand, Norderstedt,
Allemagne
ISBN: 9782322400652
Dépôt légal : Mars 2022

Instants de vies					Emma Lucce

Instants de vies Emma Lucce

À ma fille Dana et ma petite fille Nina,
Avec tout mon amour,
Emma

PARTIE 1 : Poésies

Instants de vies — Emma Lucce

NINA

Tu es un point dans l'infini
Au commencement tout petit
Dans la chaleur du ventre rond
Un jour tu feras des bonds
À l'aube de ta naissance
À ta maman tu grises les sens
Capricieuses sont tes hormones
Adieu les jours monotones
Peu à peu le ventre s'arrondit
Et l'entourage est tout attendri
Les gestes deviennent protecteurs
Car de cette vie tu es l'auteur
Fille ou garçon peu importe
Seul compte l'amour que tu apportes
On ne sait pas à quoi tu ressembleras
Mais sans le savoir on t'aime déjà

Ma petite Nina
J'ai hâte de te tenir dans mes bras
De découvrir ton sourire
Quand pour toi ils vont s'ouvrir
Tu es belle comme un ange
De tes parents un savant mélange
Je t'aime déjà très fort
Tu es mon petit trésor
Heureuse d'être enfin grand-mère
Comblée par cet être cher
Impatiente de partager ce bonheur
Qui si fort fait battre mon cœur

Instants de vies   Emma Lucce

Jour après jour elle s'éveille à la vie
On scrute ses moindres gestes les yeux ravis
Tous les sens sont en éveil
Âge de la découverte où tout émerveille
La vie a tout à lui apprendre
Chaque jour est une offrande
Bonté et béatitude de l'innocence
Bonheur en toute circonstance
Instants privilégiés
Doux moments de complicité
Aujourd'hui j'ai découvert ton regard
La plus belle des œuvres d'art

Déjà une semaine de vie
Qui a ravi toutes les mamies
Elles ont acquis la maturité
Et des meilleurs moments peuvent profiter
Les passantes lui sourient
Tellement cette petite est jolie
Quel bonheur de la promener
De partager ce moment avec fierté
Savourons ce don infini
Que l'on appelle la vie

PHOTOS

La photo immortalise un instant
Une émotion figée sur le moment
Immobilisée malgré le vent
Éveillant tant de sentiments
Couleurs magiques exacerbées
On les admire bouche bée
Instants superbes reconstitués
Joliment gravés pour l'éternité
Un ballet de couleurs selon les saisons
Une palette de choix de nos émotions
Le regard rempli de sensations
Au fond de nos mémoires jamais nous n'oublions…

FARNIENTE DE CALYPSO

Nonchalante, languissante,
La paresseuse s'adonne à la sieste.
Entourée d'effluves enivrantes,
Elle apprécie les minutes qui lui restent.
Elle savoure sa détente,
Ses muscles lâchent du lest
Sa relaxation augmente,
La béatitude se manifeste.

CALYPSO LA SAUVAGE

Regard émeraude, prête à bondir
La demoiselle sauvage a peine à se retenir
Toutes griffes dehors, prête à saisir
La proie convoitée que d'un coup de patte elle chavire
Elle l'entraîne violemment dans son délire
Sans pitié, jusqu'à totalement l'anéantir
Elle se refuse à la laisser fuir
Sa victime n'a plus qu'à lui obéir

JOYEUSES PÂQUES

Je souhaite à tous ceux qui savent mener leur barque un Pâques beau,
C'est cloche, on ne peut même pas partir à Rome,
Mais les mélomanes sauront donner le choc au la,
Puisque les gens doivent rester chez eux

NOËL

C'est le soir où nous nous réveillons
Avec les papillotes Révillon
Devant le sapin on n'a plus les boules
On se sent plutôt cool
On ne se fait pas enguirlander
Instant magique des cadeaux à déballer
Je vous souhaite à tous un joyeux Noël
Que je vous souhaite sensationnel

Joyeux Noël en famille
Festival de goût pour les papilles
Même si notre ligne va partir en vrille
La joie de retrouver les siens se voit dans nos pupilles
Tout est abondance, agapes et cadeaux
L'heure est maintenant aux étrennes
Les emballages rendent le tout si beau
Des coloris rouges à terre de sienne
Papa Noël arrive sur son traîneau
Qu'il dirige avec ses rennes
Durant toute l'année, on a tous été sages
Louper ce rendez-vous familial serait dommage
En chemin se retrouvent les rois mages
De cette journée, gardons de belles images…

LES OLIVES

Les troupes sont sur le qui vive
Devant le tableau bucolique d'olives
Digne d'une peinture à l'huile
Bien loin de la ville
Est arrivée l'heure où on les cueille
Puis dévêtues de leurs feuilles
Se glissant doucement dans la caisse
Devant elles on se baisse
Elles se laisseront conduire au moulin
Car tel était leur destin
Dans les hauteurs de Seillans
A l'heure du soleil couchant

Vertes, noires, violines
C'est l'heure de la récolte sur les collines
Mûres à point, prêtes à être pressées
L'huile méditerranéenne sera bientôt réalisée
Les filets se tendent, les branches laissent tomber les fruits
Les bras s'activent et les cagettes se remplissent
Sous les oliviers chacun s'affaire sans un bruit
Il faut les amener au moulin avant qu'elles ne périssent
Beaucoup de travail, pas de temps pour l'ennui
Les branches sous la gaule frémissent
Elles sont ensuite triées
Et des feuilles séparées
Soigneusement sélectionnées
Pour accompagner nos mets raffinés

CAMPAGNE

Paysage bucolique
En haut du clocher,
Le coq s'est mis à chanter,
Horizon coloré, couleurs à volonté,
Champs à perte de vue, bien loin de ces cités,
Regardant de si près les prés,
Le soleil au loin s'est couché,
La verdure s'est recouverte de rosée,
À l'approche du vent, les nuages sont chassés,
Quel que soit le temps, bienvenue à Vaux les prés.

HOME

Pourquoi partir loin,
Quand la beauté est à portée de main,
Paysages divins,
Respirons l'air marin,
Je sais que même demain,
Je retrouverai ce chemin…

SAISONS

Les cigales s'en frottent les ailes
Enveloppant tous nos contours
Et les femmes se sentent plus belles
Senteurs de pins et de lavande
Mêlées aux embruns du littoral
Chaque fragrance est une offrande
Les palmiers-dattiers ouvrent le bal

La fin de l'été est arrivée,
Il faut songer à la rentrée,
Les gens sont là pour vous le rappeler,
Au cas où vous auriez oublié,
Inutile de se stresser,
Tout va bien se passer,
Aux protocoles inapplicables on est habitué,
De toutes façons quoi qu'on fasse on sera critiqué,
Il faut juste avoir la force de ne pas craquer,
Et répondre avec sincérité,
À ceux qui veulent vous agacer,
Que vous adorez votre métier,
Ce qui peut les décontenancer,
Voire même les énerver…

L'été s'éloigne au gré du vent,
Les arbres revêtent leur manteau automnal,
Il ne fait plus chaud comme avant,
Les colibris n'ouvrent plus le bal,

Instants de vies   Emma Lucce

S'en est fini d'être réveillé par leur chant,
Ou par celui des cigales,
Les heures défilent rapidement,
Les journées deviennent banales,
Savourons doucement chaque instant,
Avant le frimas hivernal…

La mer revêt ses couleurs hivernales
De la neige sur la côte, ça n'est pas banal
Une année comme celle-là restera dans les annales
L'orage et la tempête ouvrent le bal
Attention au froid devenu si glacial
Les nuages couvrent les derniers rayons de soleil
Les flocons vont bientôt blanchir le littoral
La neige en bord de mer peut être une pure merveille

ART À SAINT PAUL DE VENCE

En matière d'art moderne et contemporain, Saint-Paul devance les autres villages de par son ballet féérique de couleurs où senteurs provençales fleurtant avec les effluves des essences de Fragonard sont en osmose parfaite. Le spectacle que les œuvres d'art des galeries offrent à nos yeux émerveillés est intarissable.
Tout commence par une place à l'ombre des platanes, abritant un café où les joueurs de boules y exerçaient déjà de mon temps même si Yves et Simone s'ignoraient.
Beaucoup d'huiles ont marqué le village de leur empreinte comme si cet univers enchanteur était leur dessein.
Un subtil mélange de sculptures imposantes taillées dans la pierre, ne nous laissant jamais de marbre, jalonnent harmonieusement dans un concert artistique mêlant peintures, gravures et photos, toutes plus envoûtantes les unes que les autres, nous berçant sans fausse note dans une mélodie allant jusqu'à l'ivresse des sens.
S'il existait une récompense pour les rues pavées, elles se verraient décerner un César. A travers le 20ème siècle, Chagall est celui que l'on remarque. Dans la chapelle, nous nous affolons dans un style cubiste, nous nous promenons, aériens, comme allégés. Dans les méandres de son labyrinthe, Miro a pourtant su voir les choses. Marguerite Maeght et son bien aimé ont conçu la fondation regorgeant de

trésors jusqu'aux jardins où Giacometti aurait pu lui faire la cour.
Devant le vitrail, nul ne se braque, Josep Lluis se sert à merveille de l'architecture et c'est dans une même harmonie que peintres, sculpteurs et autres enchanteurs de nos sens, collaborent sans s'emmêler les pinceaux pour nous en faire voir de toutes les couleurs.
Quand l'art se mêle à la correspondance, sans tout prendre à la lettre, vous voilà affranchis et prêt à contempler l'art de Saint Paul que je ne saurais que trop vous recommander pour ce concours de circonstance.

Instants de vies   Emma Lucce

ABSURDILAND

Impression d'errer dans une dystopie
Et d'entendre la même litanie
Où le fait de juste vivre est interdit....
Tout est devenu comme dans ces films futuristes, vision apocalyptique d'un avenir incertain, où il faut sans cesse se justifier pour des raisons pour lesquelles nous ne comprenons pas grand-chose, où nos principes sont remis en cause à chaque instant.
Pourquoi chercher à comprendre ces absurdités qui nous dépassent ?
Jusqu'où l'humain va-t-il s'abaisser ?
Jusqu'où certains sont-ils prêts à aller pour dominer?
L'homme n'a plus de droits mais des devoirs.
Il se laisse manipuler même si c'est néfaste pour sa santé, se laisse convaincre de ce qui est bon pour lui par des gens qui ne savent pas eux-mêmes ce qui est bon pour eux. Il fait partie intégrante de cette mauvaise série, qui remporte un tel succès que les gens s'insurgent les uns contre les autres, pour remplir les poches des plus malins, à leur insu, tant ils sont aveuglés par les médias.
On encense des gens et des professions, pour ensuite les ignorer dans le plus grand des mépris, on en applaudit d'autres pour ensuite les menacer de perdre leur emploi s'ils ne suivent pas les consignes : c'est pathétique !
Au pays d'absurdiland, on se demande quand va cesser cette mascarade et quand on pourra

Instants de vies					Emma Lucce

embrasser les gens sans avoir l'impression de commettre un crime.

Ils veulent un monde sans art,
Et pensent qu'il n'y a pas de lézard,
Ils veulent un monde sans salles de sport,
Et nous regardent faire du lard,
Pas de pierre sculptée, pas de corps sculpté,
Ils nous envoient valser si l'on danse,
Et nous assomment d'une contredanse,
Départ de l'artiste, aboutissement de l'art triste...
Ils veulent sûrement qu'on ne les voit plus en peinture,
Alors qu'ils nous imposent des heures sur la toile,
Ils veulent brimer notre envie de littérature,
Et se livrent à n'importe quelles lois,
Ils veulent nous en faire voir de toutes les couleurs,
Et seule la palette du boucher est autorisée,
Ils veulent contrôler notre dessein,
Tout cela est un sketch bien orchestré,
Ils veulent accorder leurs violons,
Mais il n'en ressort que des fausses notes,
Ils ne laissent pas de place au théâtre,
Sauf celui orchestré par des marionnettes,
Qui donc en tire les ficelles ?
De tant d'inepties nous voilà vaccinés,
Nul ne sait où le guignol est,
Mais pour cela inutile d'être devin,
Ils veulent sans doute qu'on se fasse des films,
Imposés par tout leur cinéma,
Et nous continuons le bal masqué,
Le seul qui nous soit autorisé...

Instants de vies   Emma Lucce

LIBERTE

Envie d'évasion
Changer de peau, changer de vie
Sortir de cette prison
Faire ce dont on a envie
Que notre liberté face éruption
Quitte à vivre en autarcie
Comme un volcan
Rebellons-nous de l'intérieur
Sortons de notre carcan
Combattons avec ardeur
Sans pour autant devenir virulent
Montrons que nous n'avons pas peur

Tout n'est que mélancolie
Face à nos libertés abolies
À moins d'être dans le déni
Devant nos espoirs anéantis
Toute espérance est désormais ternie
Et la couleur dominante est le gris
Empreinte de nostalgie
De l'époque où nous avons grandi
La morosité a laissé place à l'anxiété
Vu qu'on ne peut que rêver en toute impunité
Pour le moindre geste il faut se justifier
De l'avenir serein on commence à douter
Voilà le moment des fêtes arrivé
Personne ne s'est encore réveillé
De ce cauchemar devenu réalité
Notre joie de vivre s'évapore, annihilée

BONNE ANNÉE

Enfin la fin de cette année calamiteuse
La prochaine ne peut être que meilleure
Je la souhaite à tous et à toutes, heureuse
De la joie, de l'amour, décliné dans toutes ses saveurs
J'ai pris la résolution de ne pas en prendre
Pourquoi s'imposer des contraintes ?
Cette année pourrait peut-être nous surprendre
En bien évidemment, si la zenitude est atteinte
N'allez pas vous méprendre
Ne déposez aucune plainte
Sur le chemin de la béatitude nous devons nous rendre
La nouvelle année ne peut être que meilleure
Le pire est passé, restons sereins
Même si pour beaucoup tout ceci n'est qu'un leurre
Changeons notre façon de réagir aux événements pour notre bien
Et de la nouvelle année ne testons que le bonheur

RÉSEAUX SOCIAUX

Les gens déversent leur haine,
Leurs relations ne sont pas saines,
Échange de quolibets sur les réseaux sociaux,
Les accrocs aux insultes s'excitent en échanges verbaux,
Plus leur colère est grande,
Moins ils veulent apprendre,
Ils réagissent au quart de tour,
Le tout avec une orthographe qui vaut souvent le détour,
Au nom de la liberté d'expression,
On commente violemment quelle consternation,
Si une image ou une information vous dérange,
Passez votre chemin, même s'il faut que ça change!

INCENDIE

La colline s'embrase dans une chaleur incandescente,
Du plus haut des sommets jusqu'au bas de la pente,
Les flammes s'élèvent laissant derrière elles une fumée dense,
Les brindilles s'adonnent à une macabre danse,
Les braises virevoltent rendant l'atmosphère irrespirable,
À cause de gens totalement irresponsables,
Sans relâche les canadairs déversent l'eau sur l'incendie rebelle,
Les pompiers répondent présents à l'appel,
Les arbres agonisent sur les terres arides,
Et le mistral gagnant, ils doivent rester lucides,
Les sirènes retentissent à l'unisson,
Tout est gris de fumée, loin à l'horizon,
Spectacle de désolation causé par l'humain,
Agonie dévastatrice d'un paysage sans lendemain...

WATER LAND

Eau transparente, reflets turquoise
Loin des cahiers et des ardoises
Bain de fraîcheur au milieu de l'été
Avant la canicule tant redoutée
Aux aurores sans personne
Au farniente je m'adonne
Instant magique en bord de mer
Minutes qui s'envolent, éphémères...

À l'abri des rayons chauds
Entrant lentement dans l'eau
Il pénètre insidieusement jusqu'aux os
Les membres gesticulent
Le sang sollicité circule
Avec nostalgie on pense à la canicule
La volonté est plus forte que les engelures
Inutile de lutter contre sa propre nature
Profitons de ce que certains pensent être une torture

MÉDUSE

Mollement échouée sur la plage
Les passants sont révulsés devant ce naufrage
Dame méduse ne piquera plus
Dans les filets elle s'est perdue
Son corps transparent collé au sable
Petit à petit se délabre
Devant cet amas flasque et translucide
Toute personne la regardant devient livide
À la fois superbe et repoussante
La voilà déchue de ses tentacules urticants
La méditerranée l'a rejetée
Plus jamais elle ne sera redoutée

TEMPS QUI PASSE

Insouciance de l'enfance
Cure de jouvence
Tout est découverte
Sans cesse envie de faire la fête
Joie de vivre
Jouer jusqu'à en être ivre
Soucis est un mot inconnu
Chaque jour est le bienvenu
À l'âge d'être grand-mère
Petit regard en arrière
Je n'ai pas vu les années passer
Et les journées défiler
Encore un anniversaire à venir
Les rides commencent à s'établir
Les mèches rebelles grisonnent
Mais la sagesse nous façonne
À chaque âge ses peines et ses joies
Même si certaines me laissent sans voix
J'ai encore bien des choses à découvrir
Et espère encore bien des fous rires

CIEL EN FEU

Comme un brasier céleste, l'horizon se pare d'un ardent sourire, au-delà des côtes méditerranéennes, tel un volcan déversant sa lave. Mais la beauté est éphémère : un détour du regard, c'est le voir partir, s'enfoncer au loin pour enfin disparaître et ne plus être qu'un futile souvenir.
Le ciel flamboyant est une œuvre d'art offerte par la nature, un hymne à la beauté carmin, vermillon, rosé ou orangé, se dévoilant en une déclinaison éblouissante ou dans un dégradé somptueux.

COUCHER DE SOLEIL

Le ciel s'est embrasé
Une palette flamboyante s'offre à nos yeux
Les nuages sont balayés
Offrant un paysage merveilleux
Rose, orange, jaune se disputent le premier rang
La photo ne leur rend pas justice
Plaisir des yeux éphémère s'envolant
Avant de disparaître par-dessus les arbres il se hisse

FEU D'ARTIFICES

Le ciel est en mode déflagration,
Les feux d'artifices illuminent le littoral,
Les yeux rivés pour plus de sensations,
Ballets féériques de couleurs peu banales,
Ils semblent jaillir de nulle part,
Toujours fascinants à tout âge,
Brillants, scintillants, rassemblés ou épars,
Dans une chorégraphie nous amenant en voyage,
Telle une pluie de couleurs alternant les gouttes dorées et argentées,
Ils se déversent au-dessus de nos têtes,
Les reflets parfois clairsemés,
Donnent au paysage un air de fête,
Le bouquet final pétarade inlassablement,
Dans un concert de gerbes gigantesques,
Les photographes immortalisent cet instant,
L'instant d'après tout disparaît sous une fumée gargantuesque …

MARMOTTES

Bruissement des feuilles agitées par le vent
La marmotte siffle pour signaler un danger
Les petits marmottons sont à l'abri
Dans leur terrier enfouis ils se sont blottis
Réserve naturelle, sauvage et préservée
Dès l'aube ils se sont levés
Loin de la foule hostile
Ils vagabondent de façon agile

MONTAGNES

Au milieu des mélèzes,
On se sent plus à l'aise,
Du haut des falaises,
Loin de tous les malaises,
C'est vert et non sévère,
D'une beauté différente de la mer,
Variétés de la planète Terre,
La magie naturelle opère,
Au détour de la balade,
On découvre une cascade,
Je laisse ici quelques tirades,
Jusqu'à la fin de ma promenade …

LAC MAGIQUE

Reflets dans le lac émeraude
Qui se met aux couleurs estivales
Admirons-le dès l'aube
En petit comité familial
L'eau fait écho à la nature
Dans un calme Olympien
Au milieu de la verdure
Ce silence nous fait du bien

INSTANTS DE VIE

La vie suit son cours
Douce comme du velours
Les souffrances sont aux oubliettes
Laissant la place aux estivales bluettes
Aux abonnés absents le cafard
Bonjour couleurs, adieu teint blafard
Toutes les épreuves que l'on déteste
N'étaient là que pour un test
La rivière de larmes s'est tarie
La cascade de joie s'est épanouie

VAGUE À L'AME

Aujourd'hui j'ai du vague à l'âme,
Mon esprit vagabonde là où l'eau rage,
Pas de place ici pour des micro-ondes,
Comme les tsunamis elles sont au bout du rouleau,
Puissance de l'eau de là,
Et celle de la mer,
Médusé, Bernard, l'ermite, déguste son sablé,
Avec ses blagues bateaux il n'est pas bon pour la drague,
Le crabe en pince pour lui,
Mais au cours des années, il a cru se tasser et désormais se cache à l'eau,
Le fruit amer de cette chimère finira en queue de poisson,
Le reconquérir sera un vrai marathon,
Et ils ne pourront pas se marrer tous les jours,
Il ressent une douleur vive,
Face à ce cœur de pierre…

DOULEUR

Rien n'est pire que la douleur morale
Quand la souffrance devient abyssale
Pourquoi se laisser aller à tant d'affliction
Noyé dans des sanglots de désolation
La blessure est une plaie béante
La peine qui en découle n'en devient que plus géante

ADIEU LA VIE

Face aux affres de l'inévitable, la douleur insidieuse se répand comme un venin paralysant chaque membre de l'être humain. Voulant échapper à un destin non mérité, il doit se résoudre à s'avouer vaincu devant la fatalité qui s'impose à lui. L'enveloppe corporelle se révolte et se détériore à son insu. Les sens altérés ne laissent entrevoir qu'une profonde dégénérescence le conduisant sur le chemin hasardeux de l'inconnu inéluctable lui tendant le bras fatidique de l'abandon de son enveloppe charnelle. La sénescence s'en va croissante, exacerbée jusqu'aux derniers recoins des abîmes de la substantifique moelle de la vie. Jusqu'à l'ultime soupir, il longe le sentier sinueux du rationnel qui le retient encore d'un souffle infime mais le destin fragilisé ne peut connaître qu'une seule issue, redoutable pour notre carcan d'humain, salvatrice pour l'être de lumière qui sommeille en nous. Nous ne sommes que de passage dans cet univers et d'une manière ou d'une autre, une énergie nouvelle est déjà au rendez-vous sur le chemin de la vie éternelle.

Tu es parti vers l'infini
Derrière la porte céleste
À travers les nuages tu me souris
Même si ton destin était funeste
Immensité incommensurable des cieux
Ton voyage a commencé vers l'Eden
Vers celui que l'on appelle Dieu

Et tes proches sont désormais dans la peine
L'oracle te guidera de sa main salvatrice
Chassant les démons qui te rendaient tyranniques
Apaise notre douleur de ta main protectrice
Éloigne les tentations sataniques
Désormais tu reposes en paix
Déchu de ton enveloppe corporelle
Jusqu'au jour prochain où de tes cendres tu renais
Car ton âme est immortelle

NEIGE

Blanche et immaculée
La montagne revêt sa cape blanche
Albe hivernale de toute beauté
S'intensifiant jusqu'à l'avalanche
Mettant en avant l'immensité
De l'admiration elle déclenche
Silence total pas un bruit à l'horizon
L'air est rare mais pur
Les oiseaux se sont mis au diapason
Le vent glacial aux oreilles murmure
Alléguant sa puissance sur tous les monts
Espérons que cet apparat perdure...

NATURE

Cherchant l'inspiration au soleil,
Devant la nature je m'émerveille,
Bercée par le chant des oiseaux,
Et du vent faisant frémir l'eau,
Pas d'exercices physiques,
Tout est esthétique,
Nul besoin de bouger,
Simplement le moment apprécier,
La piscine est déserte,
A aucune foule elle n'est offerte,
La quiétude est salvatrice,
J'en suis sa première admiratrice.

SAINT VALENTIN

Aujourd'hui donne-moi la main
Car c'est la saint Valentin
J'aimerais que ce jour soit sans fin
Matin complice, soirée câlins
L'un de l'autre on prend soin
On se découvre des points communs
Tel était notre destin
De ce jour au lendemain
En pensée tu n'es jamais loin
Tu es là quand j'en ai besoin

QUAND L'OISEAU QUITTE LE NID

Maman oiseau, dans une demeure huppée,
Détenait le confort et les commodités.
Bébé oiseau, dans un rêve non dissimulé,
Espérait la liberté sans contrariété.
Elle prenait chaque jour grand soin de lui prodiguer nourriture et fioritures.
Nonobstant, le bébé rechignait et toute tentative tournait à la bavure.
Il alla sans dire qu'elle expliqua tout à sa progéniture.
Mais cette dernière, ingrate, voulait renoncer à sa capture.
Dans un dessein de liberté emprunté de luxure.
C'est ainsi qu'un jour, le ciel s'obscurcit,
Et qu'un vent de folie, s'empara du petit.
Dans un déni de douleur, et le cœur bien meurtri,
Maman oiseau le vit soudain bien grandi.
Des adieux bien amers pour quelques chimères,
N'auraient pas raison de ce projet débonnaire.
Renoncer à ce bien si précieux,
Était plus qu'un projet impétueux.
Le laisser s'envoler du nid moelleux,
Tout ça pour suivre un amoureux.
Une maman toute chamboulée,
D'être ainsi abandonnée...

PARTIE 2 : CITATIONS ET CALEMBOURS

Instants de vies   Emma Lucce

La patience c'est comme au code de la route, il y'a des limites.

Un mystère est une énigme pour le cerveau,
Une solution est la preuve qu'il fonctionne.

Ne penser qu'à soi, c'est de l'égoïsme.
Penser à soi, c'est s'accorder de l'importance.

J'aime parfois être seule car je m'entends bien avec moi-même.

La jeunesse apporte l'allégresse,
La vieillesse apporte la sagesse.

Le sens de l'humour est un don divin qui rend spirituel.

La vraie liberté est de ne pas s'enfermer dans un mode de pensée.

La médecine permet de rassurer l'être humain qui

ne se connaît pas,
Le médicament est un frein à sa propre compréhension,
La maladie est une solution à un problème,
Le résoudre vous met sur la voix de la guérison.

J'ai décidé d'être heureuse, c'est un travail à plein temps.

La liberté, c'est le pouvoir de dire non.
Un choix n'est jamais imposé, il t'appartient de t'adapter.

Le sommeil te répare,
Tes rêves se matérialisent,
Le calme te délasse,
Tes songes s'idéalisent.

Le sommeil répare ce que le jour a endommagé.

La poursuite du bonheur est une course contre le temps.

Instants de vies   Emma Lucce

La patience est une attente que l'on choisit,
l'impatience est une attente que l'on subit.

Le bonheur vient quand on a tout compris,
le malheur arrive quand on est tout aigri.

Vivre de ses écrits, c'est savoir tourner la page.
Faire danser les mots, c'est une gymnastique de l'esprit.

On ne peut entendre que si l'on écoute.
On ne peut comprendre ce que l'on redoute.
On peut se méprendre si on se ferme coûte que coûte.

Le langage du cœur est moins connu que celui du corps.
Il faut passer outre ses peurs et s'accepter d'abord.

Rien ne sert de souffrir il faut mûrir à point.
Si tu veux guérir, de toi tu dois prendre soin.

A trop voir l'avenir, on oublie le présent.
Ne regarde le passé que pour ce qu'il t'a apporté.

Instants de vies   Emma Lucce

Le fruit défendu est le plus tentant.
Y résister peut-être enivrant.

L'accumulation d'évènements tristes permet la résistance,
Surmonter l'épreuve est peut-être une souffrance,
Mais elle est le chemin vers la connaissance,
Faire confiance à l'univers abonde en ce sens.

Une chute n'est pas une défaite mais une leçon à en tirer.

Chaque échec est un enseignement,
Ne pas en tirer profit, c'est faire l'école buissonnière.
Chaque épreuve t'aide à grandir doucement,
Et à apprendre ce que tu méconnaissais encore hier.

Accepte-toi toi-même,
Avant de critiquer les autres,
Vois où sont tes erreurs,
Avant de leur en incomber la faute.

Instants de vies   Emma Lucce

La vie est un trésor,
Ton bien le plus précieux,
Pas les pièces d'or,
Qui ne font que des envieux.

On dit que la parole est d'argent
Que le silence est d'or
Je dirais plutôt qu'il est d'étain
Puisqu'on ne l'entend point.

L'écrivain couche sur une feuille ce qui se lit
Il la caresse de ses écrits
Effleure ses sentiments jusqu'à l'oubli
Sa plume exacerbe tout ce qui passe dans son esprit

Des rêves il fait des poèmes
Même si tout compte fait il est prisonnier de lui-même
Il s'adapte à tous les domaines
Désirant que ses écrits on aime

Il veut savoir s'évader
De la banalité et de la médiocrité
Et son monde imaginaire devient sa réalité
De la détresse profonde jusqu'à la jovialité.

Instants de vies   Emma Lucce

J'ai cette fille dans le sang,
J'éprouve pour elle des sentiments,
Avec elle, les mots filent abondement,
Nous vivrons dans la pauvreté, sans gains,
Mais nous serons toujours en veine.

L'humain n'utilise que dix pour cent de son cerveau
Alors que ce dernier regorge de tant de mots
Essayez de jouer avec les mots
Et extériorisez votre égo
Vous pensez que l'on n'est pas tous égaux
Que nenni je vous en fais la démo !

Il faut rendre à ces arts ce qui appartient à ces arts.

Un artiste peintre peut parfois s'emmêler les pinceaux,
Une palette de possibilité peut alors s'offrir à lui,
Et il peut même décider de faire partie des huiles,
Les années passent-elles plus vite pour autant ?
Cela dépend de son dessein.

S'attaquer aux singes en Inde est un nouveau délit.

Peut-on dire d'une vieille pomme de terre qu'elle est épurée ?

Instants de vies   Emma Lucce

En montant, j'ai voulu l'éviter. Elle avait une arme et voulait me descendre.

Avance sans peur,
Ne recule devant rien,
Commets des erreurs,
Et tire une leçon de ce que tu en retiens.

Ecoute ton cœur,
Ne succombe pas à la rancœur,
Devant le champ des possibles,
Ne reste pas impassible.

J'ai pris rendez-vous avec la vie,
Des autres je n'attends aucun avis,
Je ne me laisse pas envahir par l'envie,
Car tout désir est assouvi.

La musique berce mes idées,
Sur le papier je les disperse,
Puis songe à les assembler,
En terminant mon vers.

Un poète qui sait terminer son vers a forcément de la bouteille.

Instants de vies   Emma Lucce

S'il vous saoule avec ses écrits il n'en est pas moins devin.

L'oiseau léger a le corps beau,
La femme légère a le corps sage.
Notre perception des choses est différente,
On ne peut les changer mais on peut changer notre façon de les voir.

Mettons fin à la procrastination
C'est un véritable poison,
Un frein à l'imagination !
En route vers la réalisation !

Fuyons les gens toxiques,
Toujours en mode panique,
Entourons-nous de personnes fantastiques,
Vivons dans un monde magique.

Le bruit est un frein à la concentration,
La musique développe l'imagination,
Les idées se profilent à l'horizon,
Le son donne naissance à l'émotion.

Prendre rendez-vous avec la vie,
C'est faire union avec l'énergie,
A l'unisson avec l'éternel,
De la terre au ciel.

EXPRESSIONS CORPORELLES

Le fait de lever le pied est-il synonyme de baisser les bras ?
Doit-on se casser le tronc ou n'en faire qu'à sa tête ? Cherchons encore, même si ça n'est pas le pied, et que parfois on se plante, prenons les choses en main.
On peut rencontrer un os et le payer cher, être à deux doigts de manger sur le pouce à cause d'un incident majeur qui nous paume ou alors rencontrer le succès, avoir les chevilles qui enflent, ne tolérer aucun mot laid, ni les gens bêtes.
Si tout ceci vous fait une belle jambe car vous êtes sûrement sur les rotules, ayez toujours une solution sous le coude.
Parfois les bras m'en tombent, mais dans le monde entier, certains l'ont dans les dents, d'autres pratiquent la langue de bois, font des réflexions tirées par les cheveux, car on a tous un talon d'Achille. Il m'arrive d'en avoir plein le dos, et du coup je me taille rapidement ce qui tombe pile poil.
Parfois, je suis tellement surprise par la vie que j'en suis sur le cul. Quand je goûte un vin, je fais mûre en disant que je trouve qu'il a de la cuisse, je la joue même professionnelle, on ne va pas se voiler la face quand bien même je ne sais pas ce que l'on me sert vaut.
J'ai souvent les nerfs à fleur de peau et parfois, je n'en rate pas une ! Quand j'en ai gros sur l'estomac, il m'arrive de perdre la foix. On m'a conseillé de vivre dans le haut Rhin, ce qui n'est pas tombé dans

Instants de vies   Emma Lucce

l'oreille d'un sourd. Cela me tenait à cœur même si j'avais l'impression d'être un colon. Du coup, je ne dis rien au pif ou à vue de nez car mon amie Cécile m'a à l'œil !

COULEURS

Certains voient la vie en rose, alors que d'autres rient jaune.
Des personnes se font avoir et du coup sont marrons, surtout quand on leur colle une prune.
On est tous capables d'avoir un brin de jugeote ou au contraire de se fâcher tout rouge quand la vie nous en fait voir de toutes les couleurs.
Quand l'un broie du noir, l'autre n'est pas tout blanc, s'en rend compte et devient vert de rage.
Longue vie aux laids qui sont couverts de bleus.
Offrons-leur un bord d'eau, sans les envoyer sur les roses avant qu'ils ne soient aigris.
Alain Digo

Instants de vies   Emma Lucce

LE PHOTOGRAPHE ET SA MUSE S'AMUSENT

Photographe émérite, il a **flashé** sur elle, sur sa chevelure bouclée, sans **pellicule** aucune. Tout ceci n'a rien d'un **cliché,** ni d'une **aberration** (défaut d'optique). Ils se sont aimés en un **clic.** En tant que photographe, il n'est jamais **négatif.** Après son premier book, il s'est laissé pousser la barbe, le tout dans quelle **optique** ? Il l'a trouvée **CANON,** s'était comme un **REFLEXE,** tout simple, ni bête, **NIKON.** Thomas et Dana s'entendent à merveille, même s'ils n'ont pas le même **point de vue.** Il lui a proposé un **plan rapproché**, elle ne l'a pas **décliné.** A la suite de leur anniversaire, ce sera un **plan américain,** avec la réalisation d'un vieux rêve. Elle aime la mer, lui **la plongée** (en photographie bien sûr)

Sa **perspective** est de rester, donc **point de fuite** prévue. Quand certains sont **primaires,** eux sont **complémentaires**, même si elle peut lui en faire voir de toutes les **couleurs.** Jamais ils n'arrivent à **saturation.** Il aime les **aplats,** elle aime les bons **plats.** Il peut arriver qu'avec Dana, ça ne soit pas du **gâteau,** et que des **tartes** se perdent, mais elle sait nonobstant en un **éclair** redevenir **diplomate,** voire super **chou,** la **crème** de la crème ; en fait, c'est une bonne **pâte.** Quand Thomas lui montre le book de ses dernières photos, elle aime le **feuilleter,** toujours

épatée. Elle l'adore et il lui rend **la pareille** (appareil photo et tarte). Quand Dana prépare un dessert, Thomas en est **baba**. Ils n'ont pas de problèmes **financiers**, peuvent aller à **l'opéra, la madeleine, la forêt noire**, sans qu'elle en fasse tout un **flan** ou qu'ils ne se retrouvent comme des **glands,** sur un **rocher** à Monaco, se sentant **mi- cuits**, auquel cas ils s'allongeraient dans un **canapé moelleux, roulés** dans les draps, à moins de préférer un sol **marbré,** tel des **mendiants**. Il a **fallu** (La fallue est une brioche normande) que les TPE prennent une ampleur sans précédent. **Ambassadeur** DXO, il fait des **merveilles** (beignets de Bordeaux) et elle n'éprouve pour son talent aucune **jalousie** (gâteau aux fruits). Avant de prendre la **navette** pour son travail, elle le regarde dans le **miroir** et dès qu'il quitte la pièce, férue de musique, remet ses **oreillettes** (variété de beignets). Il rêve d'un château, elle d'un **palet** (biscuit breton). Quoi qu'il en soit, ils forment un couple **parfait** et leur amour s'en va **croissant**…

Instants de vies   Emma Lucce

HISTOIRE D'ARBRES

Celui qui se **déchaîne** (chêne), en sortant du **boulot** (bouleau), rien ne le **freine** (frêne). Vous **l'auriez** (laurier) vu quand il s'est **planté** à son examen parce qu'il ne s'était pas **cassé le tronc** car ça ne le **branchait** pas. Lundi, au travail, tout le **peuple y est** (peuplier). Chez les artistes, **ça peint** (sapin) beaucoup, **noyés** sous le boulot. Si un peintre se **plante**, c'est de **l'art bousillé** (arbousier). Ça a fait beaucoup de **bruit hier** (bruyère) mais ça peut avoir du **charme** aujourd'hui. Si ce texte ne vous **branche** pas, ne me regardez pas de **si près** (cyprès), je suis loin **d'être** (hêtre) parfaite.

1er AVRIL

Aujourd'hui on s'en **fiche**
Même si c'est pour noyer le **poisson**
Et qu'en ces jours il n'est pas de bon **ton**
De plaisanter devant les vies **détruites**
On ne sait pas où les **âmes sont**
Sur notre **sol** nous oublions les **vieilles** rancœurs,
nous pauvres **pêcheurs**...

BLAGUES BATEAUX

C'est l'histoire d'un marin prénommé Noé, un peu **barge,** qui en a marre de naviguer. Il avait su mener sa **barque** dans les pays froids, vu que le **frais gâte.** C'était un **cas Noé** : connu pour sa **drague,** il se retrouva souvent en **galère.** Il faisait souvent des bourdes et faisait rire les autres, une sorte de **cata marrant,** quoi. Cependant, il avait vite pris en **galion,** et quand la retraite arriva, se fût la **quille,** et il mit les **voiles** avec sa compagne **Marine.**

LA SAGA DES MUSICIENS

Wolfgang Amadeus s'intéresse même aux arts
Jean Sébastien passe le bac (Offenbach l'a passé plus souvent)
Giuseppe verdit son jardin
Lugwig Van Beethoven veut que l'être l'élise
Twaïkov skie et nous fait signe sur un lac
Haydn est au paradis
Alors que Schubert lavait Maria et que
Händel aurait pu aller dans un bar rock
Vive Aldi, vive les autres magasins qui vendent des pizzas 4 saisons aussi
Debu scie du bois au clair de lune
Pucci nie la vérité
Maurice Ravel trouve beau l'héro
Alors que Richard Strauss rate la marche
George Bizet ne sait pas où les cars mènent.

LA VALSE DES NOTES

Tantôt justes, tantôt qui dé**note**nt,
Elles s'ac**croche**nt sans ani**croches,**
Aucune **fugue** possible si tu arrives à **contretemps**,
Ta passion s'en va **crescendo**,
Le **timbre** de ta voix t'enveloppe,
Avec ton rythme en **accord** parfait,
Pas de **bémol** si c'est dans tes **cordes,**
Tu y vas **piano**, tout en nuance,
Tu dis **flûte** aux prises de **bec** entre **noires** et **blanches, minces** et **rondes,**
Dans la **mesure** où ton **soupir** en dit aussi long que ton **silence**...

NEURONES

C'est l'histoire d'une cervelle,
Qui voulait se reposer,
Mais elle était rebelle,
Et ne cessait de cogiter,
C'est ainsi qu'Emmanuelle,
Était encore en train de penser,
Que si elle avait été manuelle,
Elle aurait pu compenser,
Car tous les intellectuels,
Ont les méninges agitées.
Elle ne cherchait pas querelle,
À toutes les absurdités,
Qu'elles soient ministérielles,
Ou simplement imposées,
Elle exploitait son potentiel,
Pour ses lecteurs fidélisés,
Ne cherchait pas à être belle,
Et ne sortait que masquée,
Dans une quête éternelle,
D'authenticité.

Je suis une femme de **lettres**, qui joue avec les **mots** sans aucuns **maux**. Ne prenant jamais rien au pied de la **lettre,** je vous en fait la **démo**. En**vers** et contre tous, je prie souvent **Saint Axe,** je **prose** le pour et le contre et me gave de **compléments** littéraires.

Instants de vies				Emma Lucce